Martin Nygaard

GRANDS LABYRINTHES

Illustrations de
Jesús Gabán

Adapté du norvégien

ACTES SUD JUNIOR

La grotte au trésor

Un trésor secret se cache dans la montagne, au fin fond d'une de ses grottes sombres et inquiétantes.

Trouve le chemin qui t'y conduira, en évitant de croiser les **rats** carnivores, les **chauves-souris** vampires et l'**araignée géante** mortelle. Attention aussi de ne pas tomber dans les **lacs de lave bouillante** !

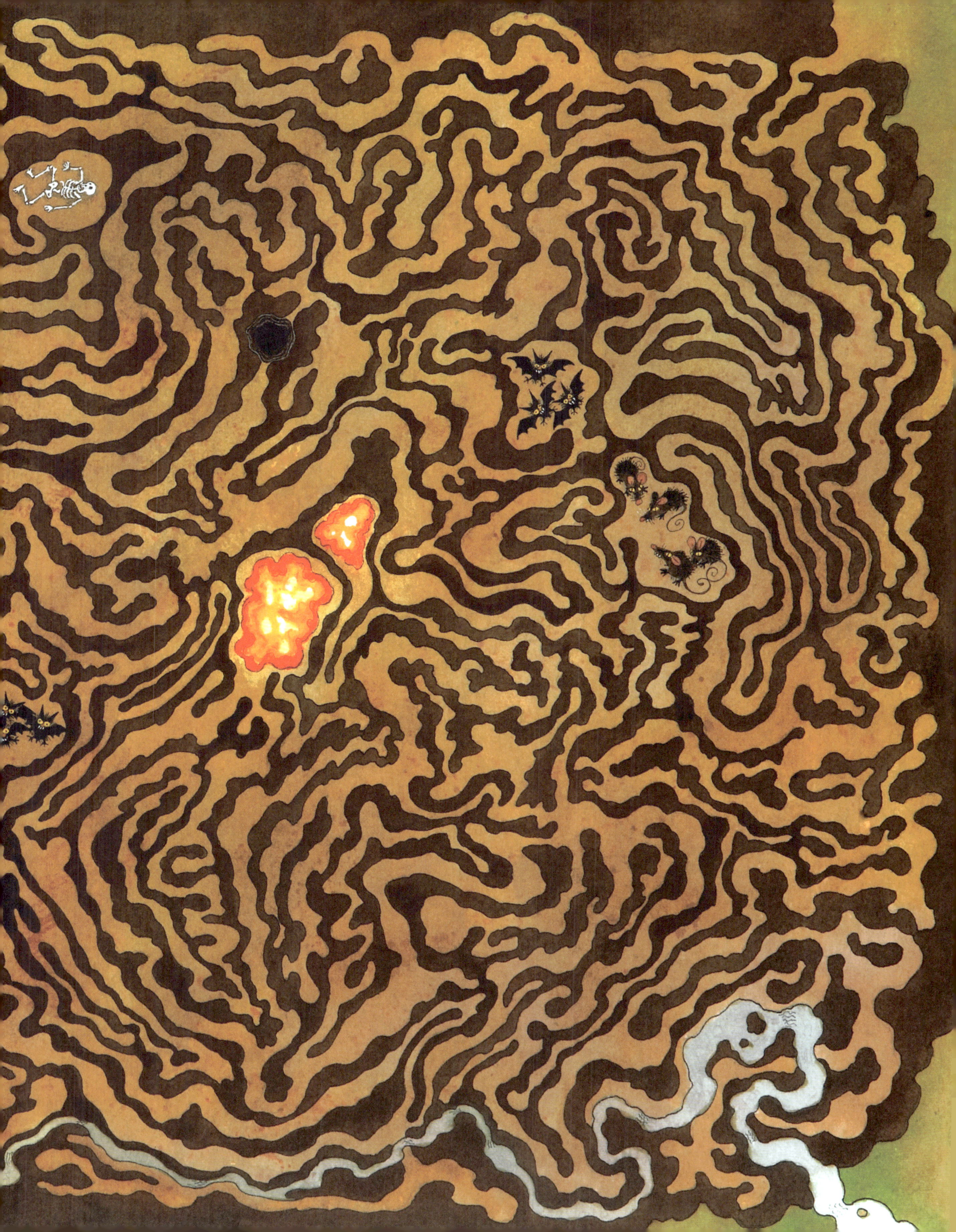

Le château hanté

L'orage gronde : seul refuge à l'horizon, un sinistre château. Une fois à l'intérieur, les portes se referment : impossible de faire demi-tour.

À toi de trouver la sortie, en faisant en sorte d'échapper aux **fantômes**, aux **vampires**, aux **sorcières** et autres **créatures** malveillantes qui fréquentent les lieux.

L'oasis de l'espérance

Après des jours de marche dans le désert sous un soleil de plomb, tu rejoins enfin une oasis !

Mais pour atteindre la fontaine, mieux vaut éviter de basculer dans la **fosse**, d'être dévoré par le **lion**, mordu par les **scorpions** ou le **serpent**, capturé par des **brigands** ou envoûté par un **mauvais génie**.

Le chalet au fond des bois

Le ski, c'est fini pour aujourd'hui, il est temps de rentrer au chalet… de l'autre côté du bois.

Prends garde aux quelques **loups**  affamés qui s'y promènent à la tombée du jour…

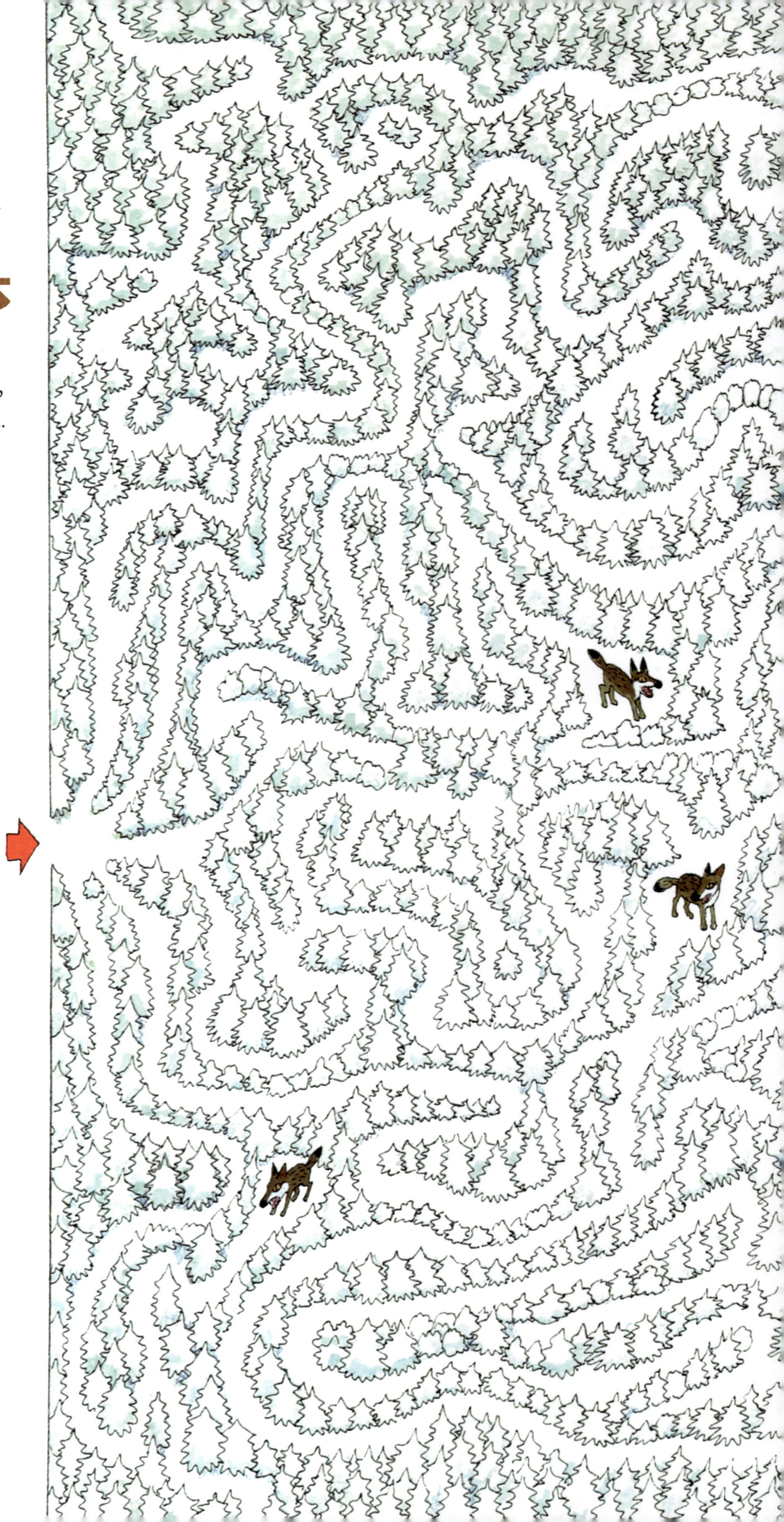

Pharmacie de secours !

Victime d'une intoxication alimentaire, tu dois te rendre d'urgence en voiture chez le pharmacien !

Mais comment trouver le chemin le plus rapide dans cette ville où la circulation est réglée par un tas de panneaux de **sens interdits** et d'**interdiction de tourner** ? Sans parler des **travaux de voirie** et des **embouteillages**...

Danger sur l'Amazone

Perdu en pirogue
sur le fleuve Amazone,
dans un environnement hostile,
te voilà dans de beaux draps !

Comment rejoindre
cette maison sur pilotis
en se faufilant entre
les **piranhas** et sans
se faire attraper par
les **crocodiles**,
les **plantes carnivores**
ou les **Indiens sauvages** ?
À toi de jouer !

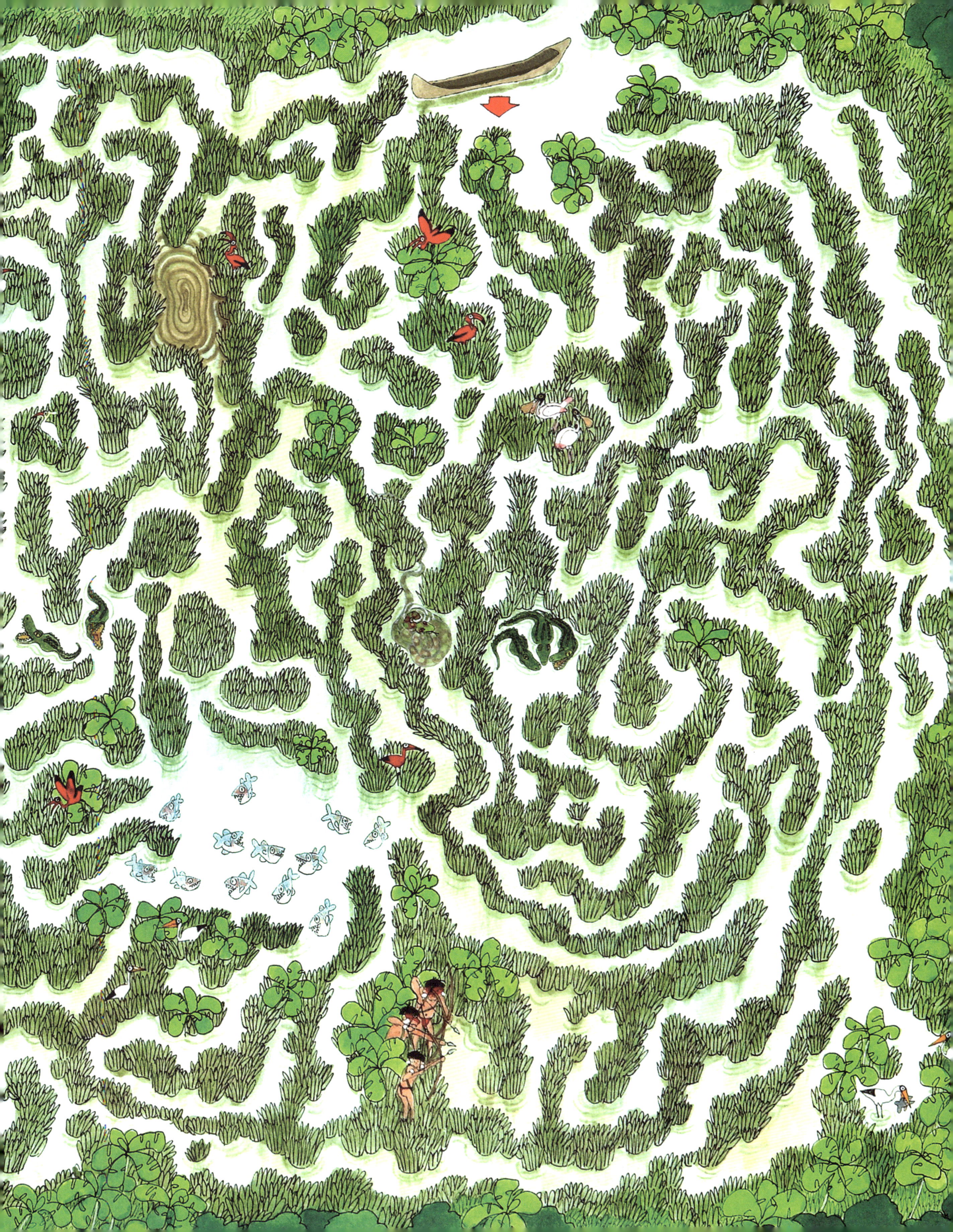

Crimes souterrains

Ce souterrain est l'antre du crime et des trafics en tout genre...

Bonne chance pour atteindre la sortie sans tomber sur un des nombreux **truands armés**  jusqu'aux dents !

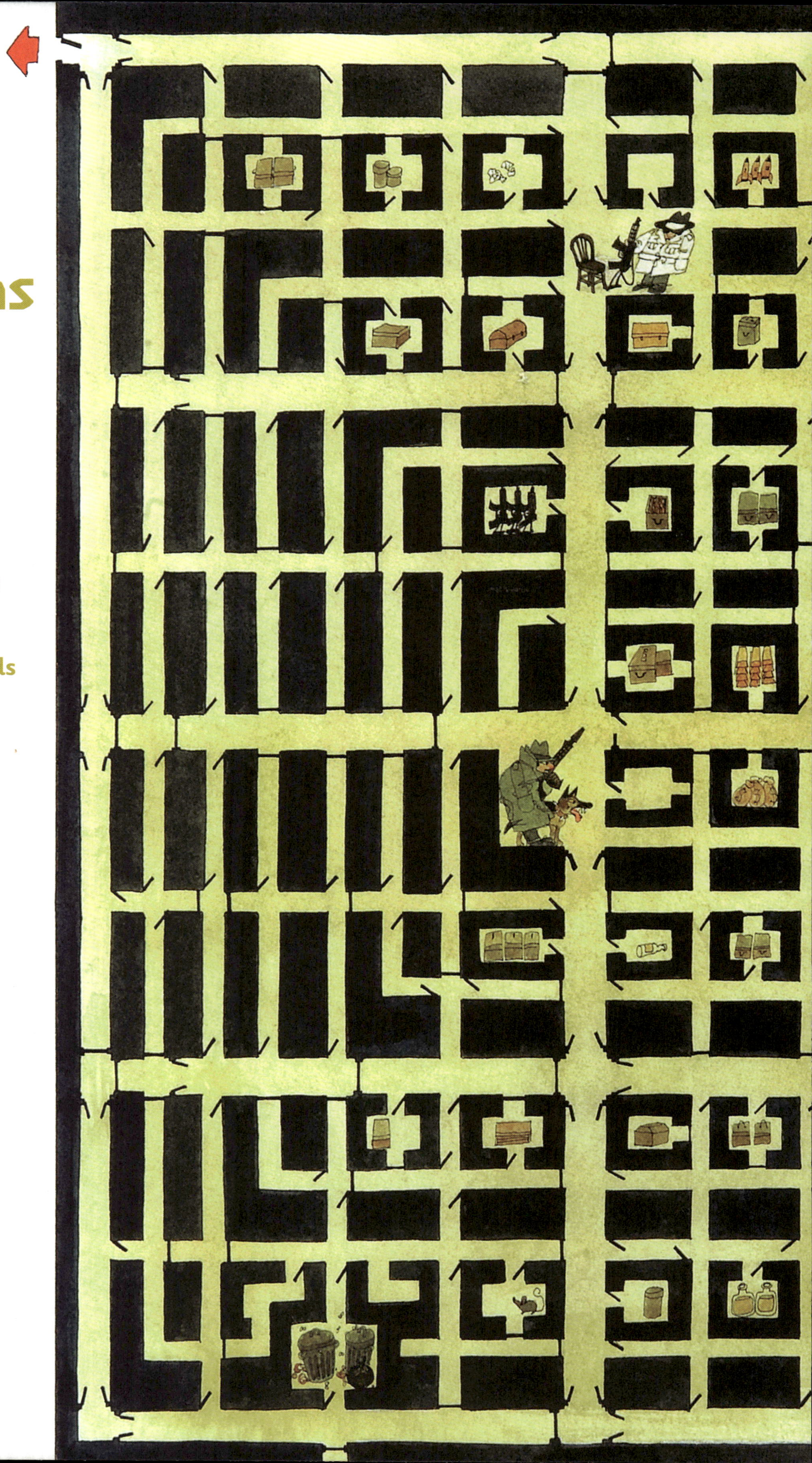

Sur les traces de Thésée

Te voici aux portes du labyrinthe du Minotaure.

Ici, tu n'as pas affaire à la créature monstrueuse mythologique mais à un **taureau assoiffé de sang**. Et contrairement à Thésée qui se donne pour mission de le tuer, tu ferais mieux de le contourner à tout prix. Choisis le bon chemin qui te mènera sain et sauf à la sortie. Méfie-toi aussi de ses **gardiens** sournois.

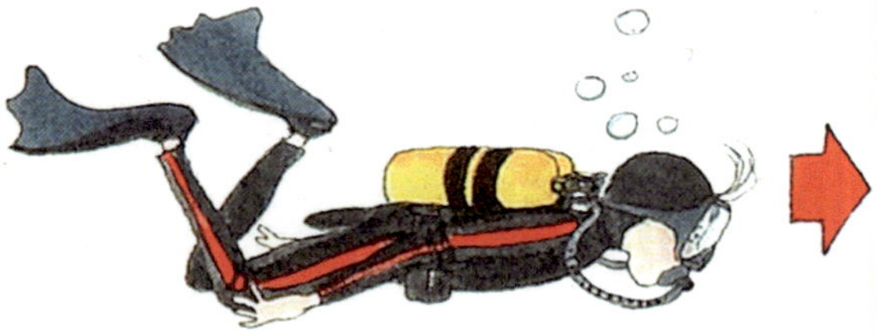

Plongée en eaux troubles

Un galion contenant un trésor inestimable a fait naufrage il y a trois siècles et repose depuis au fond de l'océan.

Équipé d'un bon matériel de plongée, tu pars à sa recherche entre les récifs de coraux, en évitant les **requins**  et la **pieuvre géante** 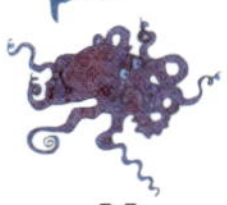. Attention aussi à l'**anguille électrique**  qui te guette.

L'île préhistorique

Bloqué sur cette île déserte, ton seul espoir est de traverser la forêt pour parvenir de l'autre côté, où la liberté t'attend sur un bateau.

D'ici là, tâche de ne pas te faire engloutir par les **rivières de lave** du volcan en éruption, ni de rencontrer le **dinosaure** , le **tigre**  enragé, ou même **King Kong**  en personne !

Entre les nuages

Après tous ces périples, réussiras-tu à rentrer chez toi aux commandes de ce vieux coucou sans toucher les nuages ?

Attention à la collision avec la **montgolfière** , l'**avion à réaction** , les **vautours** voraces  ! Il te faut aussi contourner l'**orage** menaçant.

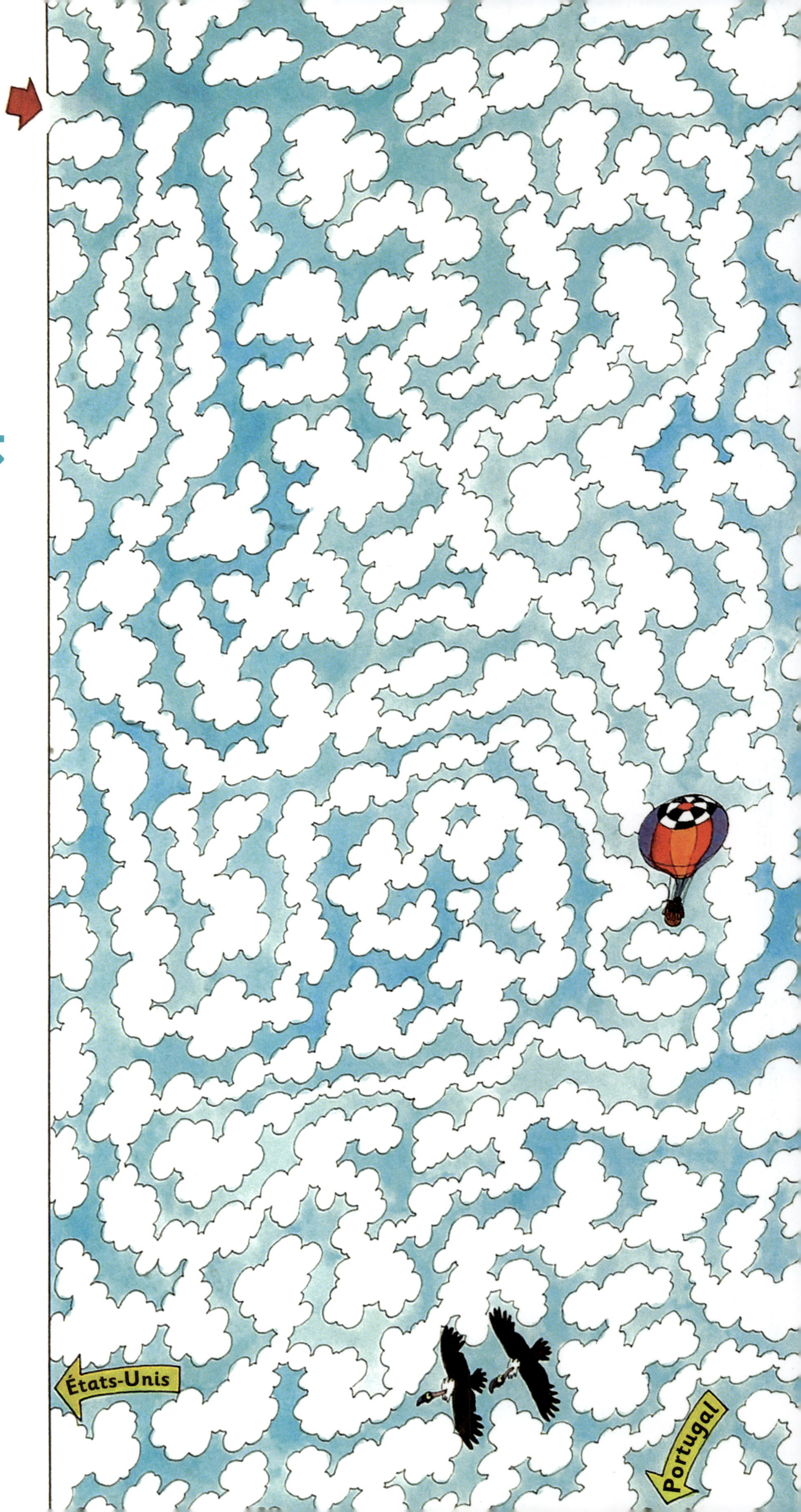

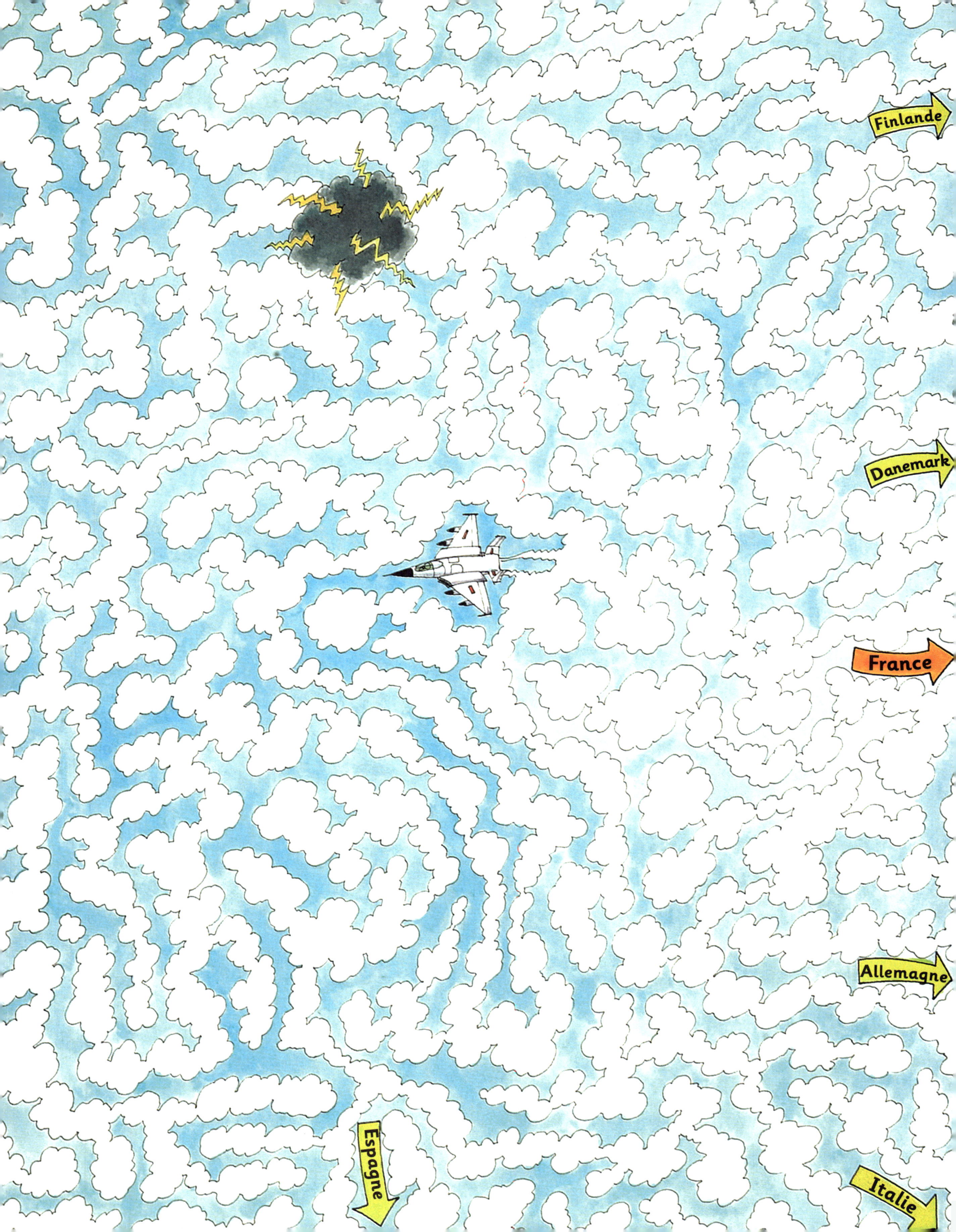
Finlande
Danemark
France
Allemagne
Espagne
Italie

Panique sur les rails

Que se passe-t-il à la gare ? Sept trains sont prêts à partir mais personne ne sait où ils vont !

Démêle le chaos des voies de chemin de fer et trouve le train qui se rend à **Joué-lès-Tours**.

Saint-Brévins-les-Pins
Châteauneuf-le-Rouge
Joué-lès-Tours
Carnoux-en-Provence
Bussac-Forêt

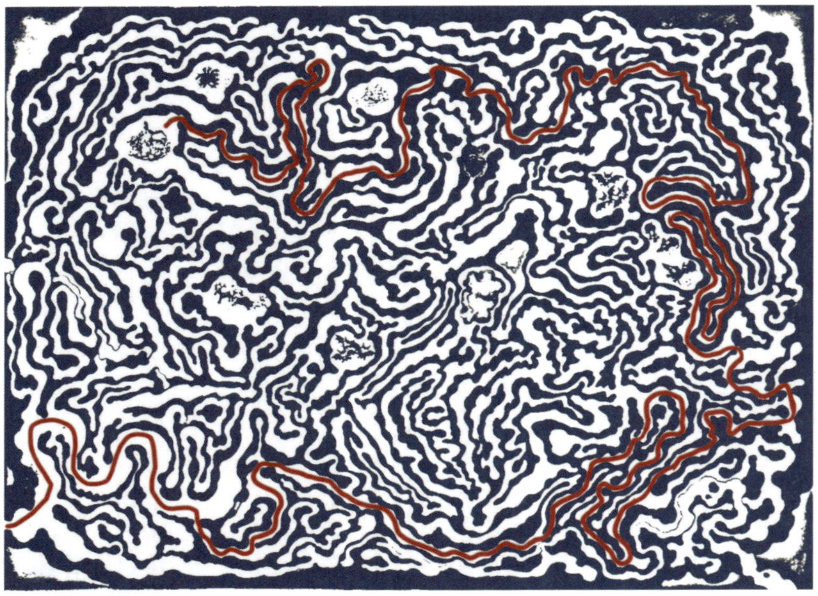
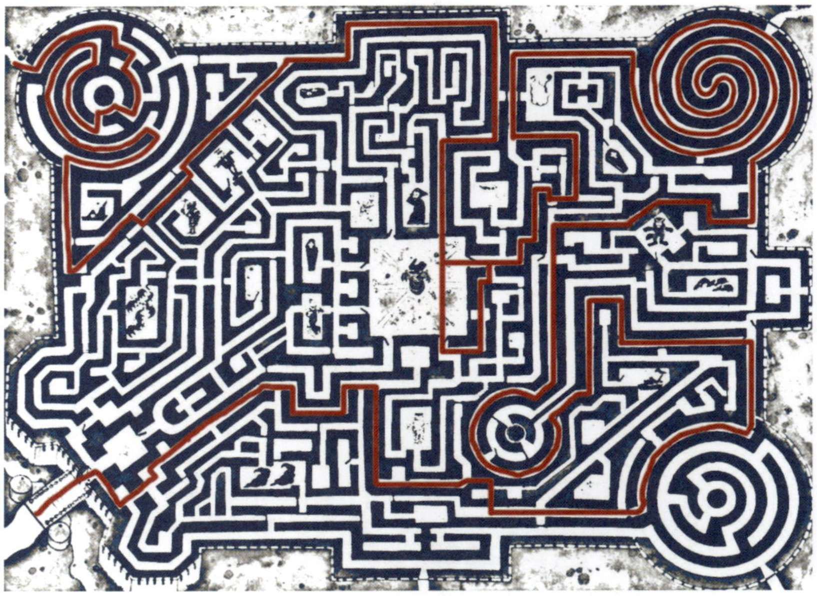
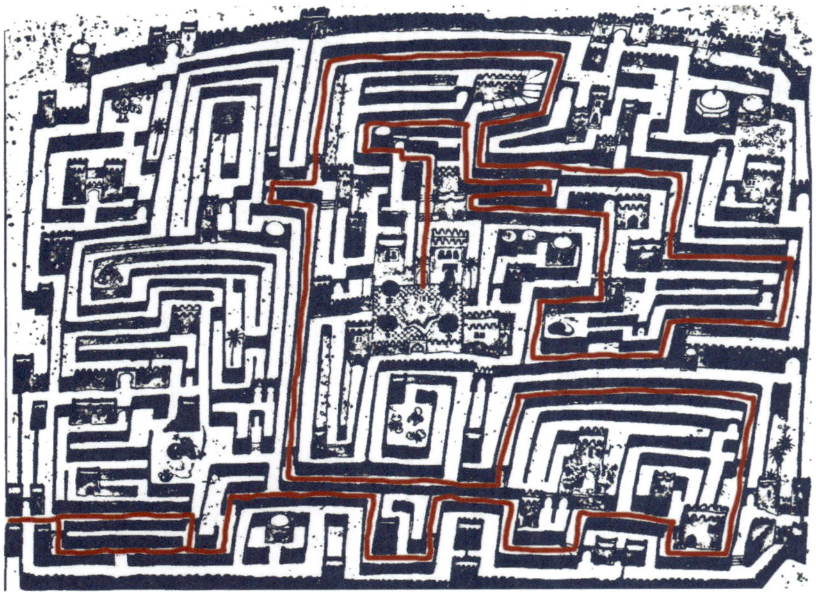
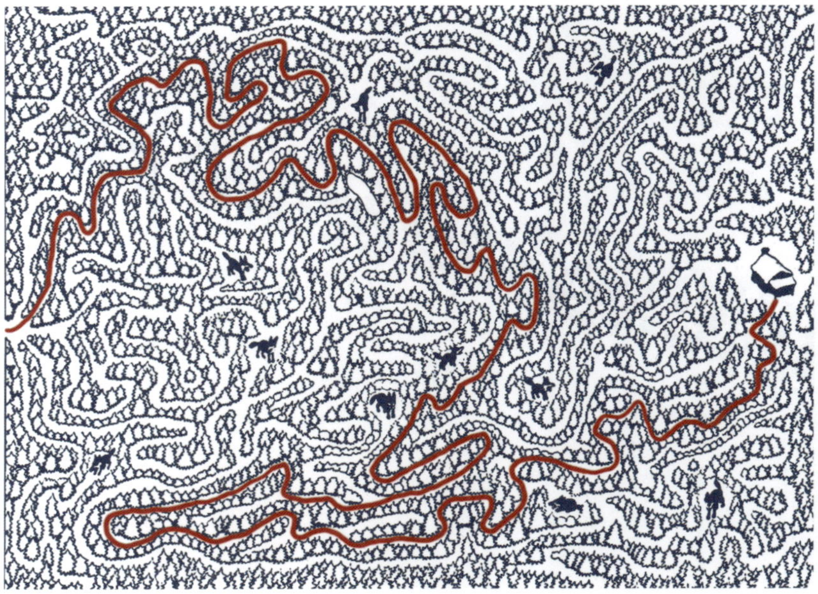
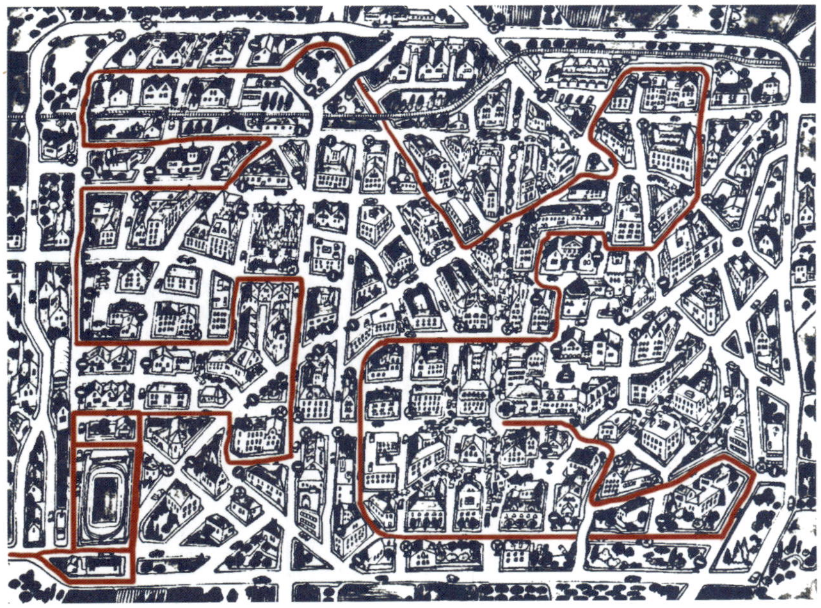
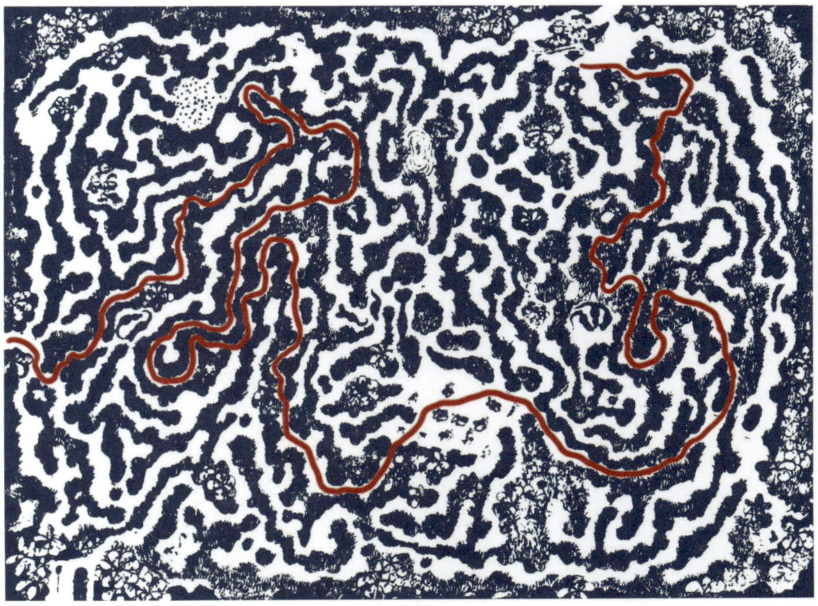

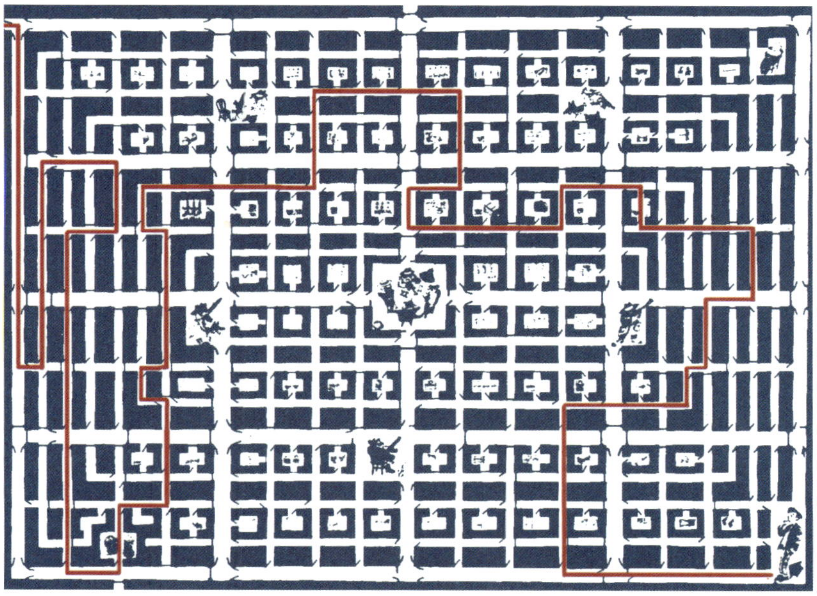

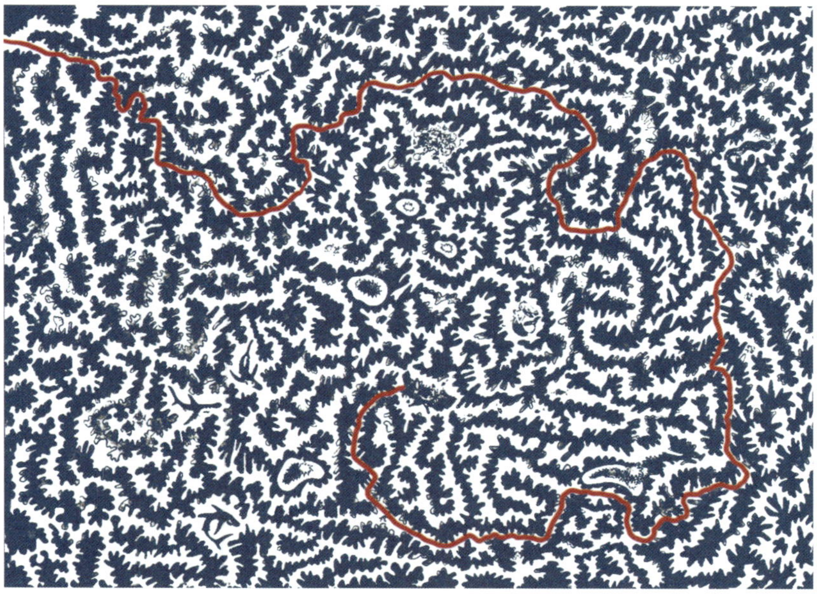
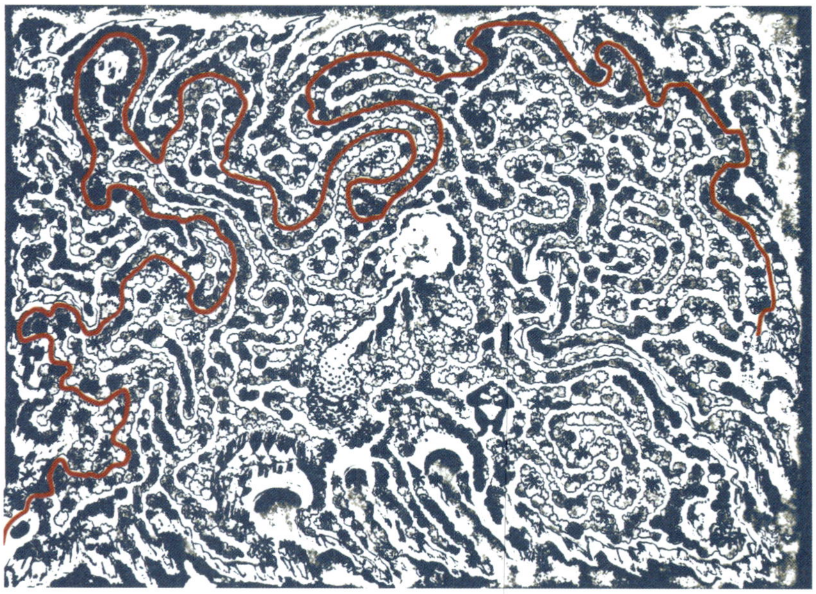
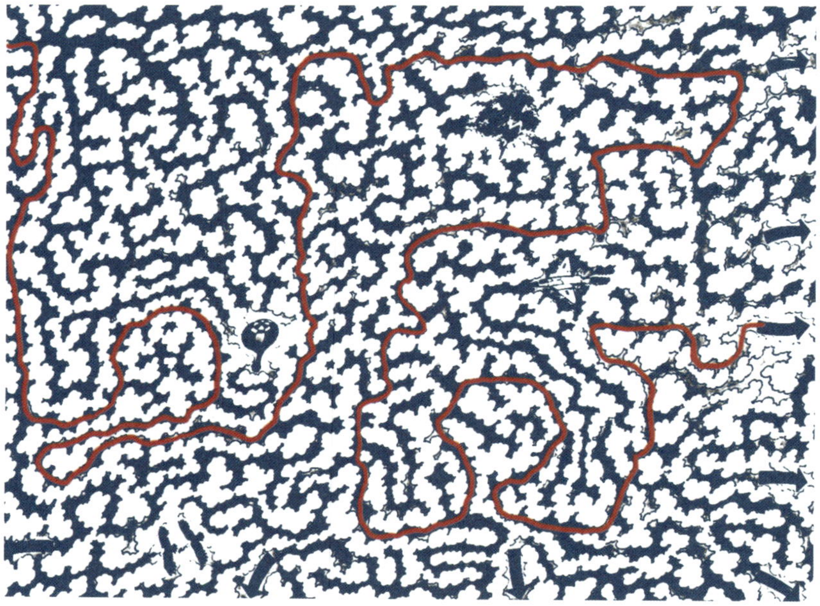
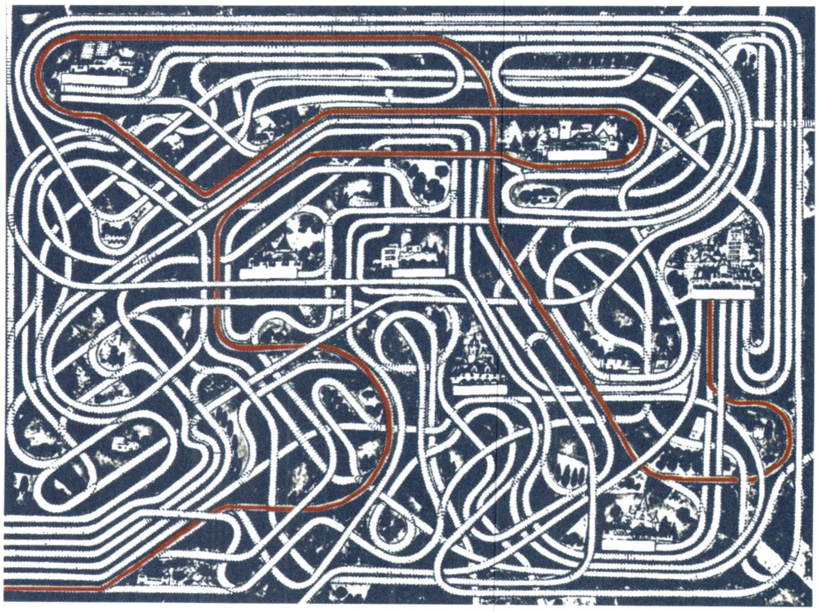

Éditeur : François Martin, assisté de Marine Tasso
Direction artistique : Guillaume Berga

Titre original : *Den Store Labyrintboka*
 • ISBN 978-2-330-00166-7
Loi 49-956 du 16 juillet 1949 sur les publications destinées à la jeunesse

Reproduit et achevé d'imprimer en juin 2017 par l'imprimerie Lesaffre à Tournai
pour le compte des éditions ACTES SUD,
Le Méjan, Place Nina-Berberova, 13200 Arles.

Dépôt légal - 1re édition : janvier 2012 - Imprimé en Belgique